# YOUR KNOWLEDGE HAS VALUE

AF152473

- We will publish your bachelor's and master's thesis, essays and papers

- Your own eBook and book - sold worldwide in all relevant shops

- Earn money with each sale

Upload your text at www.GRIN.com and publish for free

**Alexia Soraia Pimenta Gomes Zonca**

# Come si identifica Dario Fo con il giullare medievale?

GRIN Publishing

**Bibliographic information published by the German National Library:**

The German National Library lists this publication in the National Bibliography; detailed bibliographic data are available on the Internet at http://dnb.dnb.de .

**Imprint:**

Copyright © 2014 GRIN Verlag GmbH
Print and binding: Books on Demand GmbH, Norderstedt Germany
ISBN: 978-3-656-75599-9

**This book at GRIN:**

http://www.grin.com/en/e-book/281018/come-si-identifica-dario-fo-con-il-giullare-medievale

**GRIN - Your knowledge has value**

Since its foundation in 1998, GRIN has specialized in publishing academic texts by students, college teachers and other academics as e-book and printed book. The website www.grin.com is an ideal platform for presenting term papers, final papers, scientific essays, dissertations and specialist books.

**Visit us on the internet:**

http://www.grin.com/

http://www.facebook.com/grincom

http://www.twitter.com/grin_com

Christian Albrechts-Universität zu Kiel

Seminario Romanzo

Studio della letteratura italiana II - Il nuovo nel teatro di Dario Fo

Semestre invernale 2013/14

**Come si identifica Dario Fo con il giullare medievale?**

Alexia Soraia Pimenta Gomes Zonca (semestre III)

# Indice delle materie

# 1. Introduzione

Per quale ragione viene dato il Premio Nobel della letteratura ad un uomo che suscita tante controversie, non solo nel suo paese, l'Italia, ma anche all'estero? In molti si posero questa domanda nell'anno 1997, quando l'Accademia svedese assegnò il Premio al *Mistero Buffo* di Dario Fo "che seguendo la tradizione dei giullari medioevali, dileggia il potere restituendo la dignità agli oppressi"[1]. Intellettuali come Geno Pampaloni e Carlo Bo criticarono la scelta dell'Accademia considerando l'evento "una barzelletta"[2] e descrivendolo come un fatto incomprensibile[3]. Il critico letterario Alfonso Berardinelli esclamò davanti alla televisione che i membri dell'Accademia "si saranno sbagliati"[4]. Lo stesso Fo attesta nel suo discorso per il premio Nobel di comprendere la loro confusione dicendo con molta ironia che l'Accademia avesse esagerato nel premiare lui, un giullare[5]. A quell'epoca Fo aveva 71 anni e aveva già pubblicato insieme a sua moglie Franca Rame molte opere che come il *Mistero Buffo* sono cariche die satira politica, sociale e religiosa. Queste opere lo hanno reso amato dagli uni e odiato dagli altri.

Che cosa spinge Dario Fo a continuare ad esibirsi e pubblicare le sue rappresentazioni malgrado le forti accuse che riceve? Per rispondere a questa domanda è essenziale comprendere quale importanza ha il personaggio giullare nella sua vita. L'obiettivo di questa tesina è di dimostrare perché e come Dario Fo si identifica con il giullare medievale. Prima di fare ciò è necessario chiarire il ruolo del giullare nel medioevo. In conclusione si esporranno inoltre le ragioni per le quali Dario Fo ha meritato di riceve il premio Nobel per la letteratura.

---

[1] Soriani, Simone: *Dario Fo: dalla commedia al monologo*. Pisa 2007, p. 352.
[2] http://www.adnkronos.com/Archivio/AdnAgenzia/1997/10/09/Cultura/DARIO-FO-GENO-PAMPALONI-UNA-BARZELLETTA-SE-PENSO-A-TANTI-POETI_144500.php (accesso 05.03.2014)
[3] http://www.adnkronos.com/Archivio/AdnAgenzia/1997/10/09/Cultura/NOBEL-CARLO-BO-DICHIARO-LA-MIA-IGNORANZA_141000.php (accesso 05.03.2014)
[4] http://archiviostorico.corriere.it/1997/ottobre/10/Mario_Luzi_Beato_lui_sono_co_0_97101036 63.shtml (accesso 05.03.2014)
[5] Fo, Dario: Discorso del Nobel 1997 (in: http://www.nobelprize.org/nobel_prizes/literature/laureates/1997/fo-lecture-i.html – accesso 05.03.2014)

## 2. Il giullare medievale

I giullari vengono descritti come degli artisti del tardo medioevo dalle molteplici caratteristiche, che conducevano una esistenza vagabonda e irregolare[6]; potevano essere ballerini, giocolieri, cantastorie, musicisti e mimi[7]. Erano degli improvvisatori che recitavano scene dalla vita quotidiana senza vestiari dispendiosi e all'aperto, spesso nelle piazze. Caratteristica del teatro popolare, come rivela già la parola, era che l'esibizionista non recitava davanti a un pubblico, ma interagiva con lui. Essendo costretti di viaggiare da villaggio in villaggio, dovevano saper comunicare con persone che parlavano diversi dialetti. Il giullare si serviva di una lingua da lui inventata, una mescola di diversi dialetti e versi chiamata grammelot. Le espressioni facciali e i movimenti, accompagnati dal grammelot rendevano possibile che il popolo comprendesse le rappresentazioni.

Pur essendo amati e apprezzati dal popolo, i giullari spesso venivano cacciati via da coloro che avevano più potenza perché i loro spettacoli non erano una semplice forma di intrattenimento. Essendo nomadi potevano integrare idee e notizie degli altri paesi nelle loro rappresentazioni. Informando il popolo, generalmente attraverso canzoni o rime, affrontavano con critica argomenti politici e religiosi. Una prova di ciò è un editto emanato nel XIII secolo da Carlo VI, re di Francia, il quale proibiva ai giullari di fare, dire o cantare "rima o canzone che faccia menzione del Papa, del Re nostro signore, dei signori di Francia, e a riguardo di coloro cui tocca la cura dell'unione della Chiesa"[8]. Non a caso Dario Fo afferma che "i giullari erano gli attori del popolo e facevano un teatro giornale contro la cultura ufficiale, contro i potenti"[9]. Nel suo discorso per il Premio Nobel, Fo fa riferimento ad una ulteriore legge emanata da Federico II di Svevia nel XIII secolo a disfavore dei giullari. Questa legge chiamata

---

[6] http://www.treccani.it/enciclopedia/giullare/ (accesso 05.03.2014)
[7] Battaglia, Salvatore: Grande dizionario della lingua italiana. Tomo VI. Torino 1970.- *Giullare*
[8] Soriani, p. 360.
[9] Fo, Dario: *Dario Fo giullare a ritroso*, in La Gazzetta del Mezzogiorno, 29.04.1970.

Contra Jogulatores Obloquentes[10], ossia contro i giullari che diffamano e insultano, proibiva ai giullari di avere una dimora fissa e permetteva a chiunque di perseguitarli e maltrattarli senza alcune conseguenze.

## 2.1 Dario Fo: giullare moderno

Dario Fo dice di se stesso di essere un giullare moderno. Parlando dell'uscita dal circuito istituzionale dell'ETI (Ente Teatrale Italiana), dice di aver abbandonato il ruolo di "buffone della borghesia" per assumere la funzione di "giullare del popolo"[11]. In un'altra intervista dichiara di non voler essere il buffone del re[12]. Nelle sue rappresentazioni teatrali, Fo imita lo stile dei giullari medievali recitando le sue parti con flessibilità e improvvisazione, senza maschere, costumi o scenari complicati. La maggior parte delle volte si trova solo sulla scena, immedesimandosi in diversi caratteri nell'arco di pochi secondi e interagendo con il pubblico. Proprio come nel medioevo, il giullare moderno Dario Fo recita in grammelot, caratteristica che lo ha reso popolare e uno degli unici nel suo genere. Le sue sceneggiature trattano temi attuali e criticano con satira la politica, la religione e aspetti della vita sociale.

Dario Fo è un vero e proprio giullare moderno, ma questo non solo sul palcoscenico, come lo dimostra la sua vita privata. Come i giullari nel medioevo venivano perseguitati e cacciati via, pure Fo dovette subire simili trattamenti. Nel tempo quando lavorava ancora per la ETI partecipando alla trasmissione televisiva Canzonissima, il suo lavoro fu censurato così spesso che 1968 decise di abbandonarla e di iniziare qualcosa di privato insieme a sua moglie Franca Rame. Quando ricevette il premio Nobel per la letteratura, aveva già subito 47 processi e fu

---

[10] Fo, Dario: Discorso del Nobel 1997 (in: http://www.nobelprize.org/nobel_prizes /literature/laureates/1997/fo-lecture-i.html – accesso 05.03.2014)
[11] Soriani, p. 352.
[12] Pagine illustri: I premi Nobel della lingua italiana (in: http://www.provincia.bz.it/cultura /download/pagine_illustri_1.pdf- accesso 05.03.2014)

addirittura arrestato per ragioni di censura. Sua moglie fu stuprata per rappresaglia e i colpevoli rimasero impuniti[13].


## 2.2 Il compito del giullare


Nonostante l'opposizione che riceve, Dario Fo rimane deciso a continuare. La motivazione del premio Nobel era che Fo, seguendo la tradizione dei giullari medioevali, dileggia il potere restituendo la dignità agli oppressi. Proprio questo intenta fare Fo. Il tema della dignità è uno dei temi più famosi e diffusi nel teatro medievale di tutta Europa[14]. Nella Moralità del cieco e dello storpio, contenuta nel Mistero Buffo, il cieco afferma che "dignità non è non avere un padrone. Dignità è il fatto di lottare contro il padrone. Dignitoso è quello che lotta per migliorare insieme le situazioni[15]". Pure nel teatro odierno di Fo, il tema della dignità è uno dei principali. Per questa ragione Fo si schiera alla parte dei lavoratori e di coloro nella società che vengono sfruttati senza scrupolo criticando apertamente aziende grandi e conosciute. Come i giullari erano la voce del popolo nel medioevo, Dario Fo si vede nello stesso incarico essendo la voce del popolo odierno. Un esempio ne è la critica che espresse nel Mistero Buffo contro la Ducati. Facendo uso di satira, ironia e molta esagerazione presentò la scelta della Ducati di accorciare le pause degli impiegati per risparmiare e la criticò per la mancanza di rispetto per la dignità degli operai.

L'incarico di informare e di parlare per il popolo viene descritto nella *nascita del giullare*, anche essa contenuta nel *Mistero Buffo*. Dario Fo racconta come si è venuto a creare il personaggio del giullare e quale è il suo incarico nella società. Secondo la narrazione, un contadino vuole

---

[13] Livi, Francois: "Le théâtre de Dario Fo et Franca Rame: poétique et dramaturgie", in: *Revue des études italiennes* 56, 2010, p. 196.
[14] Pizza, Marisa: *Il gesto, la parola, l'azione: poetica, drammaturgia e storia dei monologhi di Dario Fo*. Roma 1996, p. 209.
[15] Pizza, p. 207.

togliersi la vita, avendo perduto moglie e figli per colpa del Signore della valle in cui vive. Prima di compiere il suo proposito però lo stesso Gesù lo trasforma in un giullare e gli da un compito.

"Gesù Cristo sono io, che vengo a te a darti la parola. E questa lingua bucherà e andrà a schiacciare come una lama vesciche dappertutto e a dar contro ai padroni, e schiacciarli, perché gli altri capiscano, perché gli altri apprendano, perché gli altri possano ridere. Che non è che col ridere che il padrone si fa sbracare, che se si ride contro i padroni, il padrone da montagna che è diviene collina, e poi più niente".[16]

L'incarico del giullare è di combattere coloro che abusano del loro potere con la lingua, quindi con le parole. Per fare questo Fo fa amplio uso della satira, perché fa ridere e col ridere "il padrone si fa sbracare".

## 3. Conclusione

Mentre nel 1997 molti si indignarono del premio Nobel di Dario Fo, molti altri applaudirono. Il giullare moderno ha contribuito alla storia del teatro epico italiano riprendendo e continuando una tradizione cominciata nel medioevo e perduta da centenni. In un tempo dove il teatro perde sempre più la sua importanza e non viene considerato all'altezza delle altre istituzioni culturali è di grande importanza avere attori come Fo, che continuano a sottolineare il ruolo del tetro per la cultura italiana. "Per il popolo, il teatro, specie il teatro comico, è sempre stato il mezzo primo d'espressione, di comunicazione, ma anche di provocazione e di agitazione delle idee."[17] Ancora oggi, con 88 anni, Dario Fo continua ad essere attivo, discutendo e commentando con satira fatti di politica, esibendosi e viaggiando.

---

[16] Fo, Dario: *Mistero Buffo. Ci ragiono e canto.* Torino 1997, p. 80.
[17] Fo, Dario: *Mistero buffo*, Einaudi, Torino 2003, 5.

La domanda iniziale metteva in discussione quali fossero le ragioni di Dario Fo di identificarsi con il giullare medievale. In questa tesina è stato dimostrato che la meta di Fo è di parlare per rappresentare il popolo e donare la dignità a coloro ai quali è stata tolta.

## 4. Bibliografia

Testi:

Fo, Dario: *Mistero Buffo. Ci ragione e canto*. Torino 1997.

Fo, Dario: *Mistero buffo*. Torino 2003.

Letteratura critica:

Livi, Francois: "Le théâtre de Dario Fo et Franca Rame: poétique et dramaturgie", in: *Revue des études italiennes 56*, 2010.

Pizza, Marisa: *Il gesto, la parola, l'azione: poetica, drammaturgia e storia dei monologhi di Dario Fo*. Roma 1996, S.204-211.

Soriani, Simone: *Dario Fo: dalla commedia al monologo*. Pisa 2007, S. 352-385.

Opere di consultazione:

Battaglia, Salvatore: Grande dizionario della lingua italiana. Tomo VI. Torino 1970.- *Giullare*

Informazioni prese in rete:

http://www.adnkronos.com/Archivio/AdnAgenzia/1997/10/09/Cultura/DARI O-FO-GENO-PAMPALONI-UNA-BARZELLETTA-SE-PENSO-A-TANTI-POETI_144500.php (accesso 05.03.2014)

http://www.adnkronos.com/Archivio/AdnAgenzia/1997/10/09/Cultura/NOB EL-CARLO-BO-DICHIARO-LA-MIA-IGNORANZA_141000.php (accesso 05.03.2014)

http://archiviostorico.corriere.it/1997/ottobre/10/Mario_Luzi_Beato_lui_son o_co_0_9710103663.shtml (accesso 05.03.2014)

Fo, Dario: Discorso del Nobel 1997 (in: http://www.nobelprize.org/nobel_ prizes/literature/laureates/1997/fo-lecture-i.html – accesso 05.03.2014)